CINCUENTA LECCIONES

DE EXILIO Y DESEXILIO

Gustavo Pérez Firmat (La Habana, 1949) ocupa la cátedra David Feinson de Humanidades en Columbia University, EEUU. Es autor de una docena de libros de crítica y de creación, entre ellos *The Last Exile* (2016), *A Cuban in Mayberry* (2014), *The Havana Habit* (2010), *Tongue Ties* (2003), *Vidas en vilo* (2000), *Next Year in Cuba* (1995), *Life on the Hyphen* (1994; 2012) *The Cuban Condition* (1989), *Equivocaciones* (1987). En 2015 Hypermedia publicó una edición actualizada de *Vidas en vilo*. Su página web: www.gustavoperezfirmat.com

Gustavo Pérez Firmat

CINCUENTA LECCIONES
DE EXILIO Y DESEXILIO

DEINOS
ENSAYO

De la primera edición,

© Ediciones Universal, 2000

De la presente edición, 2016

© Gustavo Pérez Firmat
© Hypermedia Ediciones

Hypermedia Ediciones
Infanta Mercedes 27, 28020, Madrid
Tel: +34 91 220 3472
www.editorialhypermedia.com
hypermedia@editorialhypermedia.com

Edición y corrección: Hypermedia Servicios Editoriales S.L
Diseño de colección y portada: Hypermedia S. E., S.L

ISBN: 978-1530031924

*A los cincuenta años el hombre comienza
a vivir de su pasado.*
Juan Ramón Jiménez

*Ya no fui lo que soy.
El lenguaje me mata.*
Octavio Armand

1

Al llegar a cierta edad —cumplo cincuenta— podemos empezar a tomar y medir distancias. La vida sedimenta su cauce, sus causas. A veces todavía me altero, pero la vida —mi vida— es inalterable, lo cual me permite contemplar el devenir (y tal vez el porvenir) cubano con incierta indiferencia. Cuba me toca, pero no me *tangere*. Cuba me sacude, pero no me agarra.

Cambiar de cauce, de casa, implicaría desaprender lo que sé, lo que he sido: desaprender el inglés y desprenderme de lo norteamericano: conjurar este extranjero que soy y que no soy.

No es imposible, pero tampoco es posible.

Al regresar a su patria tras una larga estadía en Estados Unidos, el protagonista de un cuento de Calvert Casey, «El regreso», queda impresionado por la capacidad de los habaneros de «saber estar». Después de un exilio de cuarenta años, durante el cual se ha desvanecido poco a poco la esperanza del regreso, he aprendido a saber no-estar y a estar sin saber. Es una lección que no quisiera olvidar, por si las moscas (por si los Moscú). Estar sin saber es un consuelo. Saber no estar es una protección.

Como esta, las lecciones de exilio y desexilio son consuelo y protección.

Con Cuba. Y contra Cuba.

2

Escribir «mi país». La frase me causa resquemor porque me pregunto si tengo derecho a usar el posesivo.

Me preocupa que alguien me desdiga, o que me desdiga yo mismo, inadvertidamente. Para un exiliado de cuatro décadas decir «mi país» es insertarse de golpe en la historia después de vivir media vida intentando esquivar el impacto.

Afirma Heberto Padilla que «la historia es el golpe que debemos aprender a resistir». El exilio, o por lo menos este exilio, ha sido un *feint*, un *clinch*, un gesto defensivo para eludir el gancho de la nacionalidad y el *uppercut* de la historia. (Acudir al inglés, como acabo de hacer, forma parte de esa táctica de defensa.)

En mis libros nombro a Cuba obsesivamente y sin embargo me cuesta trabajo escribir «mi país». Cuba se ha convertido en otra cosa: un ámbito, un ambiente, un lugar sin límites que pueblo con palabras, imágenes, fantasías, obsesiones, fantasmas, mentiras.

Los cubanos de verdad también mienten, pero sus falsedades se revisten de geografía— de calles y lomas y árboles y adoquines y fachadas y pasquines y tardes de sol. A la Cuba que llevo dentro la ilumino solo yo solo, con luz artificial.

¿Será este el famoso «sol de los desterrados» que brilla en todos los cielos? Dijo alguien: «El viaje humano consiste en llegar al país que llevamos descrito en nuestro interior».

Cuba: mi espacio; Cuba, mi país.

3

Desconcierta la vida larga ausencia.
Cervantes

A los cincuenta años el destierro se convierte en destiempo. Por eso no creo en el regreso, porque se ha transformado en una intransitable regresión.

En su juventud, el exiliado le apuesta al tiempo. Confía en que, con el tiempo, el destierro será redimido por el regreso. De ahí aquel brindis tantas veces repetido por los exiliados cubanos: «El año que viene estamos en Cuba». Sin embargo, a medida que el exiliado envejece, el tiempo, antes su cómplice, se le vuelve hostil. Empezamos a perder el tiempo, por así decirlo. Empezamos a sentir una falta de sincronía entre el tiempo de nuestras vidas y el tiempo de la historia. Nuestro tiempo, en el sentido histórico, ya no coincide con nuestro tiempo, en el sentido vital. Cuando esto sucede, en vez de vivir con tiempo, a tiempo, vivimos a destiempo.

Para el exiliado, el destiempo, la destemporaneidad tiene repercusiones que van más allá del no estar al día, del despiste o el desinterés, ya que altera la definición misma del exilio. Envejecer en el exilio es también el envejecer del exilio. Como nosotros, el exilio tiene sus edades: su juventud, su madurez y su tercera edad. Y si hay achaques de la edad, también hay achaques de la edad del exilio, que nos dejan marcas no tan visibles, pero no por ello menos reales. Cuando el exilio dura por décadas deja de ser un estado pasajero para convertirse en una condición crónica. Crónica en ambos sentidos: una condición sujeta al tiempo y tan irreversible como el propio envejecer.

Es como si la edad de mi exilio se fuera aproximando más y más a mi edad, de modo que algún día mi exilio y yo tendremos la misma edad. Ese día, el niño que vivió en el Reparto Kohly en La Habana y asistió a La Salle del Vedado habrá desaparecido por completo. Ese día seré solo exilio. Seré alguien que sabe que ha perdido algo pero que no sabe lo que es porque la época antes de la pérdida ya no existe.

Así es como se presentan los síntomas de un exilio crónico, duro por duradero. No es mero juego de palabras decir que el exiliado crónico es también un exiliado anacrónico. Después de tanto tiempo, lo que ya no se tiene se confunde con lo que nunca se tuvo, y lo que fue nostalgia se experimenta como melancolía.

Me rodeo de libros escritos por autores cubanos, me dedico a leer solo en español (lo cual quiere decir, además, leer solo en español), y al cabo de unos días o semanas me entra la asfixia. Para respirar hondo, tengo que forzar un suspiro o un bostezo, como si mis pulmones funcionasen a plenitud solo en la melancolía o el sueño. Entonces extraño el inglés como el ahogado añora el oxígeno.

Esa incapacidad de plantarme en el idioma español es síntoma de destiempo. El inglés me entrega una palabra afín —*distemper*— en la cual descubro su correlato afectivo; *distemper* es mal humor, pero más generalmente designa un estado de desorden corporal o mental, algún impreciso malestar, como el de no saber ubicarse en un idioma. La traducción al español, «destemplanza», marca la frontera entre el bienestar y el malestar, entre el frescor y la fiebre, y por ello también dibuja la sintomatología del destiempo. Bajo «destemplanza» el diccionario trae, entre otras acepciones, «desigualdad de tiempos», frase que termina siendo la mejor definición de las consecuencias de un exilio crónico y febril. Mientras haya desigualdad de tiempos, no habrá regreso. Habrá destiempo, *distemper*.

Gracián, en el *Oráculo Manual*: «No tenemos cosa nuestra sino el tiempo, donde vive quien no tiene lugar».

4

Hoy por la mañana reconfiguré mi despacho, moviendo el escritorio, el butacón, las mesitas, la lámpara. Esta tarde, cuando me siente a leer, en vez de ver los estantes de libros, casi todos en lengua inglesa, miraré hacia los árboles. Mis hijos me dicen que el butacón frente a las ventanas les recuerda un cuento donde el protagonista se sienta, despreocupado, a leer sin tino su destino en una novela. Me alegra que para ellos, también, la vida se confunda con la literatura. Según Derek Walcott, para cambiar de idioma es preciso cambiar de vida. Ensayo un procedimiento menos doloroso: mover los muebles.

Sentado en el butacón que me acompaña hace más de veinte años y que ha asistido a la escritura de un puñado de libros en inglés, empiezo a escribir, a desvivir. Me doy cuenta de que ahora lo que tengo que hacer es cambiarles de nombre a los árboles que observo por la ventana. He creído que los objetos, igual que las personas, igual que los lugares, tienen una nacionalidad. Las cosas que conforman mi entorno llevan sus nombres a cuestas y esos nombres las arraigan en un idioma. Ese roble a diez metros de mi ventana, es un *oak*; el empinado tronco que le hace pareja, es un *pine*. Tendré que arrancárselos, Adán de nuevo, para bautizarlos en español.

De ahora en adelante al entrar a mi despacho, que ya no es *my study*, al sentarme en el butacón, que ha dejado de ser *my reading chair*, y al contemplar el bosque, que nunca más llamaré *the woods*, tendré que mirar en español. Suelo citar una frase de Elías Canetti que leí en inglés: *A language is a place*. En adelante, la citaré en español: «Una lengua es un lugar». Me suena mejor en inglés, aunque tal vez sea solo por la costumbre. La verdadera dificultad estriba en convencerme de que la fórmula inversa es falsa: un lugar carece de lengua. Que puedo imponerle cualquier lengua a cualquier lugar, a cualquier hogar.

5

En uno de sus «Ejercicios de exilio» Jorge Pantoja dibuja un tronco delgado con unos gajes sin hojas. La palabra exacta para describir la impresión que produce el dibujo existe solo en inglés: *bare*, que es más y menos que desnudez, porque la desnudez puede ser plenitud. Lo *bare*, lo *barren*, es páramo, sequedad, vacío. El tronco, roto por ambos extremos, está en posición horizontal. Cancelada su natural verticalidad, yace como un cuerpo o como un guión, un *hyphen*. En su extremo izquierdo, para suplir la ausencia de hojas o raíces, una palabra: Solo. En el otro extremo, otra palabra, escindida por un gaje, vírgula virtual: Me/moria. ¿Solo memoria? ¿Solo me moría? ¿Solo me moría? Los tres.

6

En el *loop* de la destemplaza circula otra palabra, intemperie, que el diccionario también define como «desigualdad de tiempos», aunque su uso más común sea indicar un ambiente atmosférico inclemente. En este sentido la palabra también describe la situación del exiliado, quien ha perdido o abandonado el abrigo de su patria y de su idioma. Residir en el exilio es sobrevivir a la intemperie, exponerse a los rigores de un tiempo ajeno. El exiliado busca un techo que lo ampare del tiempo, en ambos sentidos, aunque sabe que su empresa es vana: contra el tiempo no hay morada. Imposible demorar el tiempo.

7

Creyendo que no puedo servir a dos gramáticas a la vez, siento la obligación de escoger entre el inglés y el español. Quisiera anclarme en un idioma como si fuese un cuerpo o un puerto. Las palabras tienen peso y espesor, y es difícil hallarles cabida en el mismo lóbulo al enorme Webster y al descomunal Sopena. Por lo menos, lo es para mí. El plurilingüismo es un fenómeno harto común. Las literaturas occidentales abundan en ejemplos de escritores que han cultivado más de una lengua. Aunque admiro inmensamente a esos seres, para mí excepcionales, que hablan o escriben más de un idioma sin malestar o daño aparente, carezco de ese talento.

Gagueo en mis dos idiomas. Siempre recuerdo que Juan Ramón Jiménez nunca aprendió inglés porque tenía miedo de que el mal inglés fuera a estropear su depurado español.

Pero ahora empiezo a darme cuenta de que la madurez quizás consiste en no sentirse obligado a escoger, en aceptar que al repartirme entre lenguas cada una se volatiliza un poco, se convierte en ancla leve. Viviré una temporada en español, hasta que me entre la añoranza del inglés, y entonces levaré ancla. Me pasaré una temporada navegando en inglés, hasta que me entre la comezón del español, y entonces levaré ancla otra vez. Si hay vientos de través, aprenderé el arte del zigzagueo.

Lo que sí me parece inmaduro, por inútil, es intentar aunar los dos idiomas. La mezcla del español y el inglés, el *Spanglish*, de momentos puede resultar divertida o delirante, y nada impide que un idioma recoja palabras o giros del otro. Pero la mezcla a partes iguales termina devastando los dos idiomas sin por ello engendrar un tercero. En los poemas en *Spanglish* —en los míos, por ejemplo— los dos idiomas no se acompañan: se maltratan, se agravian. No se juntan, se pegan. No se adhieren, se hieren. Entablan una lucha a muerte que acaba matando la poesía.

8

De las muchas razones que alguien puede tener para desplazarse de la lengua materna a la lengua alterna, una de las más poderosas es el rencor.

Escribir en inglés es o puede ser un acto de venganza —contra los padres, contra las patrias, contra uno mismo. Siempre me ha parecido que la afición a los juegos de palabras bilingües es un síntoma de ese rencor; el *pun* es pulla, una pequeña detonación de terror y de tirria, una manera de blandir el *hyphen* como arma: que nos parta no el rayo sino la rayita.

El vilo avilanta. La ingravidez pesa.

Desprovisto de ancla o sostén, el cubano con rayita se torna agrio, *angry*. (Nadie odia más a Cuba que yo).

En inglés se dice que la mejor defensa es una buena ofensa; pues entonces ofendamos, afirma el cubano con rayita.

La audacia del enunciado bilingüe —*You say tomato; I say* tu madre— es un tipo de insolencia; su ligereza —*An I for an* ¡Ay!— es una forma de pesadez. Vil en el vilo, mordaz en el remordimiento, el cubano con rayita se lanza a triturar el español en la *osterizer* del inglés, y a despedazar el inglés en la batidora del español. Todo por rayar, por rayarse.

9

He dicho rencor; debiera añadir, vergüenza: la de cambiar la lengua materna por un idioma ajeno. El sentimiento es antiquísimo, pues se encuentra ya en Ovidio, quien desde su exilio al borde del Mar Negro relata que ha compuesto un poema en el idioma de los «salvajes getas». «Me avergüenzo», le escribe a un amigo romano, «pues escribí un librito en lengua gética, acoplando palabras extranjeras a nuestros metros» (*Pónticas*). Al doblar su exilio geográfico en exilio lingüístico, Ovidio comete una suerte de traición; *barbara verba* llama al idioma de los getas. Su vergüenza parece yacer, al menos en parte, en haber tenido la osadía, la avilantez, de hibridizar el hexámetro latino con barbarismos. No por ello, sin embargo, deja de alardear de su éxito al recitar su poema ante los salvajes getas, quienes indican su agrado agitando carcajes llenos de flechas.

La trayectoria de Ovidio cifra la evolución de muchos escritores bilingües. A su llegada a Tomos, se queja de tener que comunicarse por señas porque no entiende la jerga de sus vecinos. Pasado un tiempo, registra el miedo de que el idioma del país está contaminando la pureza de su latín. Finalmente, al cabo de seis o siete años de exilio, confiesa con vergüenza —no exenta de orgullo— que ha empezado a escribir poesía en gético. Y no nos debe sorprender que, según su testimonio, Ovidio acude al gético para hacer un encomio de los Cesares: su *libellum* no es libelo sino panegírico. Así es la retorcida lógica del exilio, que nos induce a darle la espalda a nuestra lengua de origen para rendirle pleitesía a la cultura que dejamos atrás.

Al inscribirse en un nuevo lenguaje, el autor de las *Metamorfosis* se transforma en romano con rayita, en poeta latino-gético, en el primer *one-and-a-halfer*. Bárbaro con ritmo, Ovidio también se tambalea. Su noble indecisión, su atribulada latinidad, su incipiente salvajismo nos pueden servir de modelo e inspiración. *Veni, vidi, vilo.*

10

Soy agua sin surco
Oscuridad sin noche
Me derramo turbio
Me extingo insomne

11

En todo esto importa que al principio nos consideraban (y nos considerábamos) «refugiados». Para algunos el refugio fue también idiomático y el inglés se convirtió así en vehículo de fuga, escamoteo de la molesta «condición cubana». Pero aunque «refugio» implica huída, evasión, escape, nuestra fuga es a la vez regreso, pues al hablar o escribir en inglés, no cesamos de mentar a Cuba. Nos parecemos al presidiario que se escapa de noche de su celda y se lanza a correr desaforadamente, para descubrir con las primeras luces que apenas se ha alejado de la prisión. Mi plan de evasión —estas lecciones lo comprueban— también ha fracasado.

Muchas veces me he preguntado por qué Cuba nos preocupa tanto a los cubanos. ¿Bríos de pueblo joven? ¿Apasionamiento tropical? ¿Ombliguismo? Henry James, a quien ciertamente nunca se le acusó de fogosidad, señala que «la suprema relación» de un ser humano no es con sus padres, ni con sus hijos, ni con sus amantes o amigos, sino con su país.

Pero el autor de *The Americans* también fue un exiliado, y esta afirmación ocurre precisamente en el libro donde James registra sus impresiones al volver a Estados Unidos tras veinte años de ausencia (*The American Scene*).

Algo distinta es la apreciación del exilio de José de la Luz y Caballero: «¿Cuál es la mayor de las alegrías? La primera la produce la vista del objeto amado. La segunda, el retorno de la salud. La tercera, el acabamiento de la obra. La cuarta, el regreso a la patria». Para el insigne don Pepe nuestra relación con la patria queda supeditada a la relación con nuestra obra, con nuestro cuerpo y con las personas que amamos. Aunque Luz y Caballero vivió varios años fuera de Cuba, nunca conoció el exilio. Lo que sí padeció en carne propia fue la pérdida de un ser querido (su hija, muerta en la epidemia de cólera de 1850), así como la enfermedad crónica y el desasosiego de no poder completar su obra. No es sorprendente, por lo tanto, que su *ranking* de alegrías jalone sus tristezas.

Se han distinguido dos maneras fundamentales de reaccionar ante el destierro: la ovidiana, que insiste en el vínculo inquebrantable entre devenir personal y destino nacional; y la plutarquiana, que diluye el extrañamiento del exilio en un cosmopolitismo reparador. Si Ovidio nunca deja de añorar a Roma, Plutarco se convence de que el mismo sol alumbra a todos los hombres. No se puede negar que los cubanos exiliados, y sobre todo los cubanos exiliados que vivimos o hemos vivido en Miami, somos ovidianos a ultranza. Nuestra rápida asimilación a la cultura norteamericana, la cual ha dado tanto que hablar a sociólogos y economistas, no ha anulado nuestra «metedura» con Cuba. Ese «coco» no lo rompen ni los porrazos del tiempo ni las mañas de la distancia, porque ese «coco» es nuestro corazón y nuestra coraza. Encandilados de ausencia, nos entregamos a cultivar una relación íntima y fatal con un amor que abandonamos, pero que no nos abandona.

12

Exul inmeritus, exiliado sin merecerlo: así se llama Dante y así —respetando las distancias— se podría describir a aquellos de nosotros que llegamos al exilio de niños.

De ahí nuestra contradictoria gama de actitudes hacia Cuba (la de ayer, la de hoy, la de nunca), hacia la Revolución (la de todos, la de pocos, la de nadie) y hacia el mismo Exilio (histórico e histérico, numeroso y sin nombre).

De ahí, quizás, el rencor que nos consume y la vergüenza que nos exalta. Muy otra es la actitud de quienes decidieron su exilio, o de quienes nacieron aquí. La nostalgia de unos y la curiosidad de otros duelen sin perjuicio.

En el fondo son recodos del bienestar, géneros de lo saludable. Pero nosotros nos dividimos entre nostalgia y curiosidad, pues Cuba nos parece a la vez terruño natal y terra incognita. No sé si es posible conciliar actitudes tan dispares, *feelings* tan *mixed*.

Con todo, se me antoja que nuestro rencor es también cordial, que riega nuestras vidas, capilarizando lo que de otra forma sería resentimiento a secas. Divina comedia la del exiliado que se revira contra su patria, y hace de su torsión homenaje.

13

Busco un nombre para mi generación: ¿equivocada, extenuada, perdida, extinguida, fundida? Opto por el último calificativo. Somos una generación fundida, en todos los sentidos, buenos y malos, del adjetivo: descompuesta, disuelta, derretida, fusionada. Se me ocurre que lo opuesto de fundir es fundar, igual que lo opuesto de consumir es consumar. No hemos fundado y menos consumado. Apostamos a una vida en vilo que acabó por envilecernos, pues no hay estilo en el vilo salvo el de la disgregación. ¿Logramos algo? Fundir dos modos de vida, mas solo por un tiempo, porque aquellos que nos suceden, empeñados en fundar, desechan nuestras fundiciones por inservibles o irrelevantes. ¿Dejamos algo? Una estela de vilo, aire en el aire, impalpable como la oscuridad.

Podríamos hacer nuestra una sentencia de Juan Ramón Jiménez: Vivimos del recuerdo de una vida que no hemos vivido y de la esperanza de una vida que no hemos de vivir.

14

El rencor del cubano anglohablante hacia el idioma español tiene su contrapartida: el temor del cubano hispanohablante hacia el idioma inglés.

Cuando Nicolás Guillén en un notorio, ya que no notable, poema («Responde tú») alude al inglés como «lengua extraña», el calificativo delata ese temor, pues lo verdaderamente extraño del inglés para el cubano no consiste en ser una lengua ajena, sino en todo lo contrario: en ser harto conocida, en ser una presencia ineludible en el habla e inclusive en la toponimia y onomástica del país. Lo extraño, según Freud, es precisamente aquello que nos aterra por su familiaridad.

El temor a la lengua inglesa ha sido una constante en nuestra historia.

En el 1848 José Antonio Saco le advierte a Gaspar Betancourt Cisneros, escritor de conocidas simpatías anexionistas, que la anexión de Cuba por los Estados Unidos desembocaría inexorablemente en la «absorción» de aquella por este, eventualidad que conllevaría la extinción del idioma español. Poco más de medio siglo más tarde, Bonifacio Byrne agradece a su madre el haber impedido su traslado a Estados Unidos para cursar la carrera de ingeniería:

> Mi madre tuvo la mejor de las intenciones, y bien considerado el asunto, su intuición fue maravillosa. Si yo hubiera ingresado en un colegio americano, hubiera corrido el riesgo de olvidar mi idioma, tan rico, tan musical y tan flexible, y para llegar a ese extremo es seguro que hubiera tenido que sufrir las mayores torturas, porque mi garganta es rebelde a la emisión de la voces guturales. Yo permanecí tres años en los EE.UU. cuando emigré, y solo aprendí *good bye*, *very well*, y *all right*. ¿Y quién me dice que conociendo a fondo el idioma de Poe, haciendo tres comidas al día y siendo diestro en todos los sports de la grande y poderosa República del Norte, no hubiera acabado quizás por aclimatarme allí demasiado?

Al igual que Saco, Byrne teme ser absorbido por los Estados Unidos —por su idioma y sus costumbres. Y no se equivocaba. Un siglo más tarde, los *Cuban Americans* somos la encarnación de su miedo, *Bonifacio Byrne's worst nightmare*, un ejemplo del resultado de excesiva aclimatación.

Pasan otros cincuenta años y se hace popular en La Habana una guaracha titulada «Influencia», cuya letra denuncia por igual la injerencia del inglés en el habla habanera y la moda del chachachá:

> Nadie se acuerda de hablar en español,
> ahora la gente le mete al chachachá.

Hoy la bodega *grocery* se llama aquí,
la barbería hoy se llama *barbershop*,
el entresuelo hoy se llama *mezzanine*
y la azotea en *penthouse* se convirtió.
Hasta el fotuto del fotingo ya cambió;
se llama *claxon* y hasta toca el chachachá.
La romería con *picnic* se confundió
y hasta a la fonda ya le llaman *restaurant*.

Lo curioso no es solo que «Influencia» es un chachachá
—un chachachá anti-chachachá— sino que la letra de-
fiende la integridad del español incurriendo con gusto
en la rima bilingüe. Siempre que intentamos trabajar
contra el inglés sucede lo mismo: el bloqueo fracasa y
esa «lengua extraña» se insinúa hasta en los rincones
más criollos —nuestra literatura, nuestros pasatiem-
pos, nuestra música, nuestra comida (¿qué cosa es un
«*sandwich* cubano»?). De ahí que la impronta del inglés
se trasluzca en la obra de figuras como Félix Varela,
Luz y Caballero, Martí, Varona, Mañach, Novás Calvo,
Florit, Cabrera Infante... y hasta el propio Byrne, que
a pesar de abjurar de la lengua de Poe, acudió a la rima
bilingüe (en su poema «En el tren» una «esbelta miss»
luce un sombrero «de plumaje gris»), y no siempre evitó
el anglicismo (ese tren corre raudo por un «raíl»). Pero
¿cómo podía evadir el idioma inglés un poeta que lo
llevaba inscrito en su apellido?

En uno de sus aforismos, Luz y Caballero se pregunta: «Si no se hubiera pasado por ciertos antecedentes,
por ciertas pruebas (*ordeals*), ¿dónde estaríamos aún?»
Como en esta pregunta, donde el inciso distiende los
dos miembros del período interponiendo un cuerpo
extraño entre ellos, el idioma inglés es la prueba, el *or-*

deal, que muchos escritores cubanos han tenido que enfrentar y superar. De no haberlo hecho, ¿dónde estaríamos aún?

El escritor cubano que escribe en inglés debe encarar el temor al idioma inglés y la resistencia que esa lengua engendra en sus casi compatriotas.

Los lectores cubanos que leen a un escritor cubano de expresión inglesa deben encarar el temor al idioma inglés y la resistencia que esa lengua engendra en su casi compatriota.

15

Tengo un tío que, por su edad y por su carácter (exigente consigo mismo no menos que con los demás), todavía habla un español correcto y vivaz, a pesar de llevar más de cuatro décadas en el exilio mayamense, donde el buen español es tan escaso como el buen inglés. Recuerdo que una vez, al describir el apartamento de un amigo, se refirió al «complejo» donde estaba ubicado. Enseguida se corrigió diciendo: «Coño, complejo no, reparto. Ahorita hasta se me olvida el español».

Si es verdad que no pensamos con ideas sino con palabras, la equivocación de mi tío es índice de nuestra discordia interior, del tenso diálogo de las lenguas que acaba por dejarnos mudos, *tongue-tied*. En ese complejo yace nuestra complejidad; en ese reparto está nuestro repartimiento.

No en balde partir es romper. Por más que lo intento, no me acostumbro a decirle «azulejo» al *bluebird* que se posa afuera de mi ventana.

16

... Mudando duramente
Amor en extrañeza.
Cernuda

La primera acepción de «extrañar» que registran los diccionarios es «desterrar en país extranjero», aunque raramente se emplea el verbo en este sentido. Se usa en lugar para designar, no el destierro, sino su impacto en el ánimo del desterrado, quien echa de menos o «extraña» su país. Señala José Solanes (*Los nombres del exilio*) que los ministros de Felipe VII daban el nombre de «extraños del reino» a los españoles desterrados. Nosotros somos, pues, «extraños de la Revolución».

Derivado del latín *extraneus*, «exterior», lo extraño en su sentido estricto designa lo que se sitúa más allá de una frontera o un límite. Según María Moliner, extraño es aquél «que no pertenece al grupo, familia, nación, círculo». Si hurgamos un poco más en el subsuelo de la palabra, nos encontramos con que el antónimo de extraño es entraña (de *interaneus*, «interno»). La oposición entre lo extraño y la entraña halla confirmación nada menos que en la etimología de «exilio», que algunos diccionarios derivan de *ex-ilia*, sacar las ilia o las entrañas. Exiliar sería entonces destripar o «desentrañar».

De ahí todos esos poemas y canciones donde el exiliado se lamenta de la extirpación de algún órgano vital, como aquella composición de los primeros años del exilio: «Cuando salí de Cuba, dejé enterrado mi corazón». Extrañado y desentrañado a la vez, el exiliado permanece afuera y carece de adentros. Si deja enterrado el corazón, es porque su corazón se ha hecho tierra.

17

Un conocido verso de Pedro Salinas enuncia la alegría de vivir en los pronombres. Me pregunto si la persona bilingüe, al repartirse entre dos familias de pronombres, redobla o divide esa alegría. El pronombre es seña de identidad: «tanto vale *io* como *Antonio*», afirma Nebrija en su *Gramática*, reiterando el pronombre dentro del nombre —el suyo mismo— como para subrayar la equivalencia. Tanto vale *yo* como *Yeyo*, podríamos sustituir, modernizando la grafía y cubanizando el apelativo.

Supongamos, sin embargo, que el *io* de Nebrija fuese el pronombre de la primera persona en italiano, ¿cabría entonces seguir afirmando su identidad con el nombre propio? ¿Vale tanto *yo* como *Yorick*, *je* como *Jerry*, *eu* como *Eugene*? Si en el trasiego del nombre al pronombre variamos de idioma, ¿queda intacta la integridad del sujeto? A veces pienso que entre el *yo* castellano y el *I* inglés se abre un abismo, que al nombrarnos en una lengua u otra proyectamos o engendramos identidades diversas, tal vez incompatibles. El pronombre se convierte así en contranombre, la seña en contraseña.

No me refiero al empleo ocasional de otro idioma, que no hace mella en nuestro ser íntimo, sino a la experiencia de vivir día tras día, durante largos años, rodeados de un idioma distinto del materno, hasta tal punto que se nos hace imposible determinar cuál de los dos prima en nuestra conciencia. Si maldecimos o rezamos o sentimos gusto o angustia indistintamente en más de un idioma, fracturamos nuestra subjetividad, nuestra condición como sujetos gramaticales. El *je est un autre* de Rimbaud refleja esa escisión, pero el «yo soy tú alucinado» de Virgilio Piñera la plasma mucho mejor, porque el verbo no abandona la primera persona —que yo quisiera la única y la última persona.

El otro día antes de que llegaran los estudiantes a mi curso de literatura hispanoamericana, escribí en la pizarra: SOY SAUCE. Al empezar la clase, les pedí que tradujeran la frase. Varios contestaron que no podían; solo una chica, peruana, aventuró una traducción: «salsa de soya», dijo. Es exactamente lo mismo que hubiera dicho yo —hasta la semana pasada, cuando al encontrarme con esta frase en la etiqueta de un pomo, inesperadamente la leí en castellano.

El idioma es un lente por el que miramos y nos vemos. Predispuestos a mirar en inglés, nuestro interior y nuestro entorno se americanizan. Plantados en español, hasta la comida china nos sabe a savia, a raíz. Sauce soy, sin río.

18

Hace muchos años que, al decir de Octavio Armand, el lenguaje me mata. No sé pensar sin palabras. No sé pensar con palabras sin traducirlas. No sé traducir sin añorar el idioma que no está. Padezco de subjuntivitis, me duelen las conjunciones, sufro la declinación de los adjetivos, me atormentan los gerundios. Si te quieres por el pico divertir —cada maní un bocado, un vocablo. Pero nunca he sabido hacerlo, porque no tengo lengua para saborearlos.

Una de las cosas que me maravilla de mis lejanos vecinos sureños es la facilidad con que las palabras se acomodan en sus bocas, cucurucho perfecto para su maní tostado. Es como si cada sílaba surgiera de las cuerdas vocales y se deslizara por los labios sin la menor resistencia o fricción.

En mi caso siento una falta de adecuación entre el órgano y la función: lengua contra lenguaje; boca contra vocablo. La dimensión de las palabras, su volumen y extensión, no se avienen a los contornos de mi cavidad bucal. Se me enredan en los labios, rebotan contra las encías, se desbordan por las comisuras. Decía José María Valverde sobre su exilio en Inglaterra: «Tu voz ridícula fracasa allí donde el niño tiene éxito» (*El ser de la palabra*). Para mí también, el inglés no es lengua sino trabalengua. Por mucho que intente o logre dominarlo, la sensación de hacer el ridículo no me deja.

Poseedor de labios sin labia, no me queda más remedio que callar hasta por los codos.

19

¿Y si las palabras, como los objetos en la retina, dejaran imágenes en el cuerpo? Dicen (decimos) los norteamericanos que eres lo que comes: *You are what you eat*. ¿Y si sucediese que también eres lo que oyes? ¿Lo que hablas? ¿Lo que lees? Si cada estímulo verbal se incrustara indeleblemente en alguna parte del cuerpo, igual que se asimilan las comidas por la vía digestiva, ¿no fracasaría entonces este proyecto de repatriación lingüística?

Según Alberto Ruy Sánchez, «todo lo que uno sabe, aprende, olvida o crea, pasa por nuestro cuerpo. No somos ideas sino cuerpos con ideas» (*Con la literatura en el cuerpo*). Corolario: el lenguaje que escuchamos, hablamos y escribimos también es parte de nuestro cuerpo. Un cuerpo bilingüe tendrá entonces una fisiología particular, cada uno de sus órganos guardará la impronta de dos idiomas; y la eliminación de un idioma, de ser posible, lo mutilaría. Para el sujeto bilingüe limitarse a un idioma sería entonces como respirar con un solo pulmón o bailar con un solo pie.

Al hacer estas notas, varias veces he escrito *on* por *en*, sin darme cuenta hasta después de que se me ha «colado» el inglés en la frase. ¿Cómo escribir sin sabotearme? Allí donde los dos idiomas parecen tocarse, como en busca de una integración imposible, allí está la coyuntura más sensible, el punto neurálgico del bilingüismo. Por eso a veces pienso que el daño más serio del exilio ha sido darnos la alternativa de vivir en otro idioma, opción que con el tiempo se ha trocado en destino, en desatino, en un inevitable doble sentido y sonido: la mente como cámara de ecos.

¿Como conjurar el eco, eco, *echo, echo*? El inglés me urde, me aturde. Me tumba, retumba. Me bate, me abate. Conjura el *echo*, dice el eco, haciéndolo resonar: equilicuá, ecolicuá, ecolicuado.

En *Aprecio y defensa del lenguaje*, Salinas afirma que «el hombre se posee en la medida que posee su lengua», añadiendo que «expresarse es contruirse». A esas personas incapaces de encarnar en palabras, las llama «inválidos del habla», «cojos, mancos, tullidos de la expresión». Tengo que admitir, con vergüenza y soberbia, que pertenezco al partido de los tullidos. Aun así, quisiera encontrarle un compás y un estilo a mi tumbao de cojo, echar un pie con la pierna que no tengo y agarrar con la mano que me falta.

Sigue Salinas: «Hombre que malconozca su idioma no sabrá, cuando sea mayor, dónde le duele, ni dónde se alegra». Pero sí sé dónde me duele: precisamente en las coyunturas del español y el inglés, en las conjunciones y disyunciones de los dos idiomas que malconozco y que me malconocen. Salinas da inicio a su ensayo registrando la alegría de volver a un ámbito hispanohablante —en su caso Puerto Rico— después de varios años en Estados Unidos: «he vuelto a respirar español en las calles de San Juan, en los pueblos de la isla», observa, desahogándose. ¿Quiere decir que durante sus años en Baltimore aguantó la respiración, taponeándose la boca y la nariz para que el aire norteamericano no lesionara sus castizos pulmones? ¿O que el autor de *Seguro azar* logró fabricarse un aparato de respiración artificial para inhalar oxígeno castellano en un ambiente norteño?

Al llamarle roble al *oak* frente a mi ventana, ¿estoy haciendo lo mismo? ¿El oxígeno que destilan sus hojas viene empapado de inglés o de español? ¿Me atrevo a taparme la nariz y cerrar la boca? ¿No es el exilio ya demasiado cierre y tapadura? Termina Salinas afirmando que la lengua es luz, lo cual me hace pensar *on* —en— un hermoso verso de *La voz a ti debida*: «Quiero más tu oscuridad».

La luz lo malo que tiene, roble querido, es que no viene de ti.

21

Mi oscuridad: la sombra que unas palabras arrojan sobre otras; la sombra larga de mi español relegado, la sombra fresca de mi lúcido inglés.

Aquí, en la sombra, puedo decir: esta es mi casa.

Lección de exilio: el único regreso posible es hacia dentro, no hacia atrás.

22

Escribo a solas, sabiendo que lo que escribo no lo po-
drán leer ni mi esposa ni mis hijos. No obstante me
siento acompañado, mucho más que cuando escribo en
inglés. Se dice que recordar es volver a vivir; recordar
también es volver a escribir.

Encerrado en mi renovado despacho —encerrado
no, refugiado— me dedico a la búsqueda de una vida
en español. Leo poemas de Dulce María Loynaz —«Soy
lo que no queda ni vuelve»— y me envuelvo en memorias ajenas. Hago mía su espera, su nostalgia, la mirada
al vacío. Entonces mi compromiso con este paisaje de
nombres en inglés se torna accesorio, excéntrico. Esa
otra vida es Dulce, es dulce. Me acompaña, me consue-
la, me entristece; pero no es lastre sino ala, liberación.
El rencor se vence palabra por palabra. Escribir en español es un acto de reconciliación —con mi patria, con
mis padres, conmigo mismo.

Salir del despacho tras un par de horas de aspirar
español, de aspirar al español, es mudar de piel y de
mundo. Me llegan sus rumores: platos, televisor, lava-

dora, retazos de conversación. Es mi familia. Son mis hijos y mi esposa. Prefiero este mundo más mío, sin más familia que ese dulce yo alterno que es hijo y hermano y madre y esposa. Regreso a mi refugio, al ocio Dulce: «Me pierdo en lo oscuro, me pierdo en lo claro».

Hoy cumplo años. Por mi cumpleaños me voy a regalar una noche. Una noche tropical, con flamboyán, una mata de mangos filipinos, arbustos de marpacífico, un banquito de piedra y una fuente.

La oscuridad no siempre es noche, pero hoy sí.

23

Desterrar es una palabra para la que
no sabemos encontrar antónimo.

José Solanes

Hay muchas maneras de querer volver. Entre ellas, volver en el espacio (la más factible) y volver en el tiempo (la más fantástica). Pero hay un volver suspendido entre tiempo y espacio, que es volver en el lenguaje. Cuando se regresa a un idioma tras un período de desuso, sobretodo si se trata de una vuelta al idioma materno, lo que más agrada y seduce es el sonido de las palabras, su música, aunque se trate, como en mi caso, de un idioma que se pronuncia a solas, en una isla con cuatro paredes. A veces quien habla solo no espera otra cosa que oírse, que rodearse de sonidos y cadencias ausentes de la cotidianidad de su vida. No es locura, es busca de compañía.

Siempre me pregunto qué pensarían mis hijos de mí —así como yo de ellos— si nos conociéramos en mi lengua materna. ¿Nos querríamos distinto en español?

Pero ellos y yo nos conocemos exclusivamente en inglés, y esa exclusividad lo que excluye es un temperamento, cierto acorde de entusiasmos y reticencias, una manera de ver el mundo y de tratar a la gente, todo un conjunto de costumbres, manías, miedos, alegrías que al ser expresados en traducción hurtan parte de su significado. Cuando les digo, a ella o a él, *I love you*, queda sin expresar la mitad de lo mucho que los quiero. Cuando me dicen, ella o él, *I love you too*, no sé si se lo creo.

Para mis hijos no soy su padre sino *su padre* —así, en cursivas, como una palabra extranjera en el decurso, el discurso de sus vidas. Para conocerme, tienen que interpretarme. En lugar de expresarme, tengo que explicarme. Es cierto que expresarse en traducción tiene sus ventajas, en particular la distancia; pero lo que se gana en distancia se pierde en familiaridad. Grave cosa: perder familiaridad con la propia familia.

De tanto vivir en traducción, el español se me ha vuelto exótico. Al regresar a él, me demoro en cada palabra como si la pronunciara por primera vez: *añoranza, fracaso, infidencia, macerar, pericia.* Las que más disfruto son aquellas que carecen de cognados o cuya traducción entrampa (fracaso/*fracas*), porque son esas las que mejor recogen lo que Juan Marinello llamó alguna vez «las esencias intransferibles» del idioma. Rehuyo, en lo posible, los ecos del inglés. Busco recuperar esos años en que todavía no había aprendido el idioma en que ahora vivo, cuando el español no estaba teñido de exotismo y el inglés me parecía, en frase de Guillén, lengua extraña. Pero me cuesta trabajo remontarme a esos años sin inglés, porque la verdad es que desde muy joven, desde mucho antes del exilio, el inglés ya me era familiar. Aun así, y aunque no logre rescatar memorias concretas de esa vida sin vilo, sé que no siempre sentí el complejo del repartimiento.

Hago estas notas redactando en voz alta, algo que nunca he hecho al escribir en inglés, quizás porque aún pronuncio ese idioma con un acento. El placer de la fonación, de casar sonido con sentido sin remanentes, lo experimento solo en español. En inglés la palabra es letra; en español, voz. Lo cual quiere decir que todavía no soy completamente bilingüe, porque en el sujeto bilingüe los dos idiomas establecen una relación especular, equilibrada —condición que los lingüistas han denominado «equilingüismo» o «bilingüismo balanceado» (*balanced bilingualism*).

Me pregunto si en verdad existe tal equilibrio, o si lo que sucede más bien es que uno de los idiomas se adueña de ciertas zonas de la expresión, aunque la jerarquía no sea perceptible para el propio hablante. Me inclino a creer que todo bilingüismo supone un estado de desequilibrio, una compleja e inestable dinámica de carencias y compensaciones. Si damos por sentado que el traductor traiciona, el sujeto bilingüe, traductor tenaz y empedernido, vive de la traición. Y el concepto mismo de equilingüismo podría ser una de las tantas justificaciones con que los bilingües engañamos la fractura de nuestra subjetividad.

24

Reglas de residencia

Abrir los ojos tres veces al día.
Recordar que el exilio es destierro y entierro.
Vivir donde no nos importe caernos muertos.

25

Entre la oscuridad y la noche se interpone el recuerdo, reminiscencia cordial. La oscuridad es yerma, pero en la noche pululan sílabas, acordes, caras, nombres, risas en la brisa y suspiros en la arboleda. Si la oscuridad borra, la noche colma. Si la oscuridad aterra, la noche acompaña. La noche es techo; la oscuridad, intemperie.

El vilo es un hilo que ensarta la oscuridad con la noche. No aconsejo beber vilo.

Viernes, vírgula, virgen...
Mariano Brull

¿Cubano-americano o cubano/americano? En inglés la costumbre es unir gentilicios mediante un guión, un *hyphen*. Pero al tender un puente entre gentilicios, la rayita del *hyphen* denota conjunción, continuidad; no así la vírgula, que separa, desgaja. En inglés a la vírgula se le llama *slash*, que también significa corte o tajada. Si el guión es nupcial, el *slash* es cismático.

No obstante, «vírgula», que significa «vara pequeña», tiene el mismo étimo que «verga», el nombre de otro tipo de estaca en diagonal. Con rayita o sin ella, con guión o sin guía, seguimos varados en la playa nupcial. Viernes, vírgula, virgen...

¿Qué pasa, USA?
Que no hay consuelo sin suelo.
¿Qué pasa, USA?
Que no hay contacto sin tacto.
¿Qué pasa, USA?
Que no hay remedio sin medio.
¿Qué pasa, USA?
Que no hay vida sin ida.
¿Qué pasa USA?
Que no hay ida con vuelta.
¿Qué pasa, USA?
Que cada día estamos más jodidos y menos contentos.
¿Qué pasa USA?

28

José María Heredia, en «Carta del Niágara»: «¿Cuándo acabará la novela de mi vida, para que empiece su realidad?» Un personaje de Leonardo Padura, en *Máscaras*: «Y sentí cómo toda mi vida había sido una equivocación. Eso te suena, ¿verdad? Ese saber que algo torció el rumbo que uno debió coger, que algo te empujó por el camino que no era el tuyo. Esa sensación horrible de descubrir que no sabes cómo has llegado hasta donde estás, pero que estás en una parte que no es la que tú querías». Heredia y Padura dan voz a sensaciones compartidas por muchos exiliados. Por una parte, la irrealidad del exilio; por otra, la convicción de error que nos sobrecoge al tener que afrontar la indubitable realidad de nuestras vidas.

Una vez titulé un libro *Equivocaciones* porque lo que me había llevado a escribirlo no había sido una vocación literaria sino una equivocación vital. Ese equívoco tiñe todo lo que escribo: soy escritor para dejar constancia de que debí haber sido otra cosa. No creo que lo mismo suceda con otros escritores de mucho mayor calibre que yo. Según Wifredo Fernández, el poeta ha de ser un convencido. No lo dudo, porque escribir desde la incertidumbre es un crimen de lesa literatura. Y el escritor sin ganas paga por su crimen con la precariedad de sus libros. El escritor sin ganas no deja obra sino maniobras, un conjunto de gestos de protección y tácticas de acoso. El escritor sin ganas apuesta por la inconsistencia y pierde ganando.

Por eso nuestro rencor se ensaña también contra nosotros mismos, contra este yo que no quisiéramos ser pero somos, contra este tipo, vacilante y voraz, que ahora mismo, desde su despacho frente al bosque, laboriosamente pone palabra tras palabra y frase tras frase tratando de desandar el camino equivocado y en el intento se adentra más en él.

29

TESAURO VIL

Abatidos, acoquinados, deprimidos, tristes, descontentos, insatisfechos, solos, nostálgicos, apenados, heridos, apabullados, entristecidos, infelices, dolidos, desalentados, lastimosos, extraviados, solos, preocupados, turbados, ansiosos, tensos, extenuados, atenuados, aislados, solos, recomidos, carcomidos, resentidos, fatales, letales, gastados, ajados, aletargados, letárgicos, latosos, abrumados, brumosos, nocturnos, ensimismados. Y solos.

Alegres, claros, contentos, felices, divertidos, entretenidos, juntos, enérgicos, joviales, risueños, satisfechos, radiantes, vivaces, orgullosos, ufanos, animados, eufóricos, juntos, optimistas, tranquilos, confiados, impulsivos, jubilosos, iluminados, brillantes, juntos, esperanzados, prósperos, triunfantes, venturosos, atrevidos, animados, ilusionados, expectantes, exaltados, vehementes, ardorosos, entusiastas, impetuosos, apasionados. Y juntos.

30

La palabra expatriación está escrita en
el Diccionario de nuestra lengua; pero su
verdadero sentido no se encuentra sino en el
corazón de un proscrito, amante de su patria.
José Antonio Saco

Descreo de la expatriación. Acepto el exilio, el extrañamiento, la expulsión, la proscripción, el destierro; mas
no la expatriación, porque la patria no es una realidad
legal o geográfica sino una presencia cordial. Se puede
ser exiliado y no apátrida; se puede ser apátrida sin nunca haber salido de la tierra natal. Como apunta Saco, la
definición de la patria está escrita en el corazón. A eso
también aluden los tantas veces citados versos de Martí:
«Dos patrias tengo yo: Cuba y la noche. ¿O son una las
dos?» Si la patria es noche, carece de fronteras y ofrece
refugio a todos —hasta a aquellos que el país expulsa.
    A nuestra patria no es cuestión de visitarla, recor-
darla, conquistarla o imaginarla; es cuestión de escri-
birla. La inscripción desmiente la proscripción.

Cuba es una grafía sin geografía, un recurso de mi discurso.

Cuba es hogar sin lugar, paisaje sin país, cielo sin suelo.

Cuba es canto sin llanto, hondo sin fondo, noche sin oscuridad.

31

En los escritores cubanos de expresión castellana que se han criado o que han vivido largo tiempo en un medio anglohablante se nota una tendencia a la concisión, al epigrama, a la frase apretada, que delata la impronta del inglés. En inglés formular un epigrama es *to turn a phrase*, darle un virón a la frase. La violencia de esos virones se hace más perceptible en español, una lengua que no se da a torcer tan fácilmente. Cuando Guillermo Cabrera Infante escribe, «Fuimos a ver a Mary Poppins con falda larga que levita» (*Cine o sardina*), la frase prepositiva, sin incurrir en el anglicismo, evidencia esa sintaxis ceñida que caracteriza la mejor prosa inglesa. El juego de palabras con «levita», intraducible al inglés, supone la presencia de la cópula es: la falda larga que [es] levita. La elipsis de la cópula es un síntoma de ese afán de concisión que infunde la lengua inglesa. Hay en la prosa de Cabrera Infante, como en la de Calvert Casey, una especie de anglicismo mental, un talante expresivo que le imprime un carácter muy particular, una extrañeza. Mientras más sensible sea el escritor a las sugestiones y sujeciones del lenguaje (¿y quién más que Cabrera Infante?), más vivivrá en su prosa el fantasma de otros idiomas.

Hay dos tipos de anglicismos. Uno, que aparece en incorrecciones gramaticales: «Mirar por arriba» por «pasar por alto»; «realizar» por «darse cuenta». Otro, que se manifiesta no en la forma exterior del idioma sino en su hechura interna, en su ritmo interior; no en la gramática o el vocabulario sino en la manera en que un escritor o hablante se plantea el riesgo o el desafío de la expresión: cuestión de talante y no de talento. Este tipo de anglicismo es el más difícil de sortear. ¿Es posible escribir un español correcto (mejor, «nativo») sin tener para ello que borrar —lo cual sería imposible— toda huella de una larga estadía en mundo ajeno y lengua extraña? ¿O estamos condenados a incidir en lo que Claudio Guillén ha llamado el «bilingüismo latente» de tantos exiliados?

Me topo en un libro con la frase *brief bliss*, cuya medida silábica se duplica al ser vertida al español: «gozo breve». (No en balde decimos que traducir es «doblar».) En la frase inglesa los dos monosílabos, vinculados por la aliteración, no solo expresan en su concisión la brevedad del placer, sino que parecen demostrar la inevitabilidad del engarce entre los dos conceptos. ¿Cómo traducir la mímesis de forma y contenido al español? Para un lector acostumbrado a la poesía en lengua inglesa, los poemas castellanos sobre la fugacidad —sonetos de Garcilaso o de Góngora— parecen desmentir el tópico con la largura de la expresión, de modo que la métrica se convierte en un reto al tiempo: cantidad contra caducidad. Comparar un conocido verso de Robert Herrick —*Gather ye rose-buds while ye may*— con uno y medio de Garcilaso, que otra vez dobla la suma silábica: «Coged de vuestra alegre primavera/ el dulce fruto». Valiéndose de un retruécano (*may/May*: verbo y sustantivo), el poeta inglés cifra en una sola sílaba la referencia a la estación del año que Garcilaso despliega en una frase: «vuestra alegre primavera». Si no hay tiempo que perder, recitar los rotundos endecasílabos de Garcilaso es perder el tiempo.

Mas si tiempo es lo que sobra, ¿qué mejor ocupación que poblarlo de palabras? Así y todo, se me ocurre que el uso frecuente y habitual de monosílabos moldea nuestra personalidad; nos hace impacientes, o fomenta nuestra impaciencia ingénita. De ahí mi predilección, que me he propuesto superar, por el *brief bliss* de la lengua inglesa ante el dolorido sentir garcilasiano.

32

Según los diccionarios, «sinsonte» proviene de *zentzontle*, vocablo azteca que quiere decir «pájaro de cuatrocientas voces». Su nombre científico es todo un epigrama: *mimus polyglothus orpheus*. El sinsonte es emulador, políglota y musical porque «puede imitar el canto de otras aves, y hasta el ladrido de un perro o una tonada si se le enseña». De ahí que este violín que vuela sea el ave emblemática de los bardos cubanos, como en los versos del Cucalambé dedicados a Fornaris:

> Tú que de Cuba has nacido
> entre las flores y plantas
> y con dulce anhelo cantas
> como el sinsonte en su nido…

Pero en inglés los cien sones del sinsonte se convierten en rancias trompetillas, pues su nombre americano es *mocking bird*, pájaro burlón. Se me hace que muchos exiliados hemos padecido la humillante metamorfosis de sinsonte a *mocking bird*.

Nos dejaste sin son, sinsonte.

33

Lo esencial es vivir para la vuelta.

A. de Saint-Exupery

Para cumplir lo que me ha dado por llamar mi campaña de alfabetización, debo alejarme de donde estoy, pero sin moverme. Debo desplazarme, hacia adentro y hacia atrás, en un errar inmóvil. Como Lezama: «Yo no viajo, por eso resucito». Intuyo que si alguna vez lograra instalarme de cuerpo entero dentro de mi idioma, gozaría de una libertad que nunca he sentido en inglés. Esos monosílabos que tanto me gustan también son jaula (en inglés, *jail*: la concisión confirma, confina). Pero si un día lograra vivir en español, entonces sí que se me soltaría la lengua. Lengua suelta y lengua larga, para tocar con la punta de la lengua la punta de mi isla.

No debo olvidar que pensar o hablar o escribir en español no es cambiar, es volver. Las primeras palabras que escuché y balbucí fueron en español. Mis primeras lecciones fueron en español. En español aprendí a leer, a escribir, a sumar y restar. (De pronto, un recuerdo: las hojas de cartón azul con las tablas.) Esas cuentas cuentan. Esas experiencias originarias de idioma me han marcado en maneras que ni siquiera sospecho. Ante eso, el temor de ser un advenedizo, la inseguridad al usar tal o cual modismo, síntoma del «complejo» del cual hablaba hace un rato, pierden su rigor. El español me pertenece. Es mi lengua más mía: piel y no pellejo. (El pellejo es el tenso inglés.) Lo cual quiere decir que en español tengo todos los derechos, hasta el derecho de equivocarme, de trastocar preposiciones y confundir tiempos y modos. En boca de un hablante nativo, el barbarismo es solo barbaridad. Al ser posesión íntima, inconfiscable, puedo hacer con el español lo que me entre en ganas.

Como Pedro por su casa Gustavo con sus palabras…

34

Esta tarde quiero recordar otra tarde. Alguien dijo que la memoria es el lugar donde las cosas suceden por segunda vez. Veremos.

Un patio que no es este, el mío. Estoy jugando con un niño que se llama Ángel o quizás Sergio. No, Sergio no. Sergio pertenece a otro recuerdo. Tal vez el niño se llame Francisco, o Mario. Su mamá y la mía son amigas y quieren que Ángel o Francisco o Mario y yo también seamos amigos. Por eso nos dejan solos en el patio. Pero la amistad no cuaja. Correteamos sin complicidad, dos extraños obligados a convivir por unas horas. En nuestro correteo no logramos dibujar una figura que nos una. El tira por un lado y yo por el otro. Corretear es evadirnos.

El patio es más bien un placer. Los guisasos se me pegan a las medias. Cuando me los quito, me pinchan la yema de los dedos. Mario o tal vez Ángel o tal vez Francisco se ríe. Lo miro y sigo corriendo. Cuando juego con Sergio, el del otro recuerdo, me siento acompañado. Hoy no. Tengo muchas ganas de entrar pero sé que no debo regresar a la casa hasta que mi madre me llame. Anochece.

Nada sucedió esa tarde. Nada volvió a suceder esta tarde, al recordarlo. La memoria es el lugar donde no pasa nada por segunda vez.

35

En North Carolina
el aire nocturno
es de piel humana.
Xavier Villaurrutia

A medida que me envuelve la noche —enjambre de voces, follaje de recuerdos— más me visitan fragmentos de español. Recuerdo poemas con que mi madre nos entretenía cuando estábamos enfermos, «Con diez cañones por banda»; añejos romances que la abuela nos susurraba, «Delgadina, Delgadina»; cancioncillas que coreábamos en el patio, «Al alimón, al alimón»; oraciones que nos adormecían, «Ángel de la Guarda, dulce compañía».

Parece mentira que todo ese acervo de voces, de cultura, de vida, se halle tan distante; parece mentira que yo haya dejado pasar tantos años sin acudir a él; que nunca se me haya ocurrido tararearles a mis hijos las melodías que me arrullaron de niño.

No me engaño: la muerte es interrupción y yo, deliberadamente, he hecho de la interrupción una carrera. Buscando evadir el exilio, creé un destierro mayor, separación más tajante. Muerte es lo que niega y siega la continuidad, talando rama tras rama del tronco familiar. La vírgula como hachazo. El *hyphen* como ruptura. Consecuencia: vivo en cursivas y prefiero celebrar mis cumpleaños ensimismado en mi despacho, acompañado de noche. En descargo de su olvido del latín, Ovidio logra un epigrama memorable: «La culpa no es del hombre, sino del lugar» (*Tristia*). Me gusta pero no me convence. Si mi casa no me conoce, ¿tiene la culpa mi casa?

Desánimo, desánimo. La fuente se rompió.

36

Escribir, mal o bien, en inglés o en español, es quitarse una presión, una prisión. Por eso la escritura es expresión. Pero escribir sobre Cuba, fuera de Cuba, es otra cosa; no expresión sino impresión, no descanso sino recargo.

Cuando tenía treinta y cinco años, me propuse aguantar un mes sin nombrar a Cuba. Quería ver si así lograba olvidarme un poco de mi condición de exiliado. Sin nombre no hay país, y sin país no hay exilio.

Abstenerme de pronunciar el dulce nombre no fue difícil; lo difícil era no pensarlo. Para no pensar en Cuba, era menester no pensar en nada.

Decidí estar un mes sin pensar en nada. Tampoco fue difícil. Pero entonces el problema no era dejar de pensar, sino vivir en vilo. Para poder vivir en vilo, decidí pasarme mi mes sin Cuba sembrando matas en el jardín, de manera de plantarme con cada planta, así aliviando el vacilón del vilo.

El dependiente chileno de la ferretería me vendió los útiles requisitos: guantes, azadón, pala, gafas para el sol y un cubo (¡cuidado con esa palabra!).

Súbitamente hijo del limo, me entregué con ahínco a la tarea de enterrar a Cuba en la durísima arcilla roja de las Carolinas. Al cabo (cuidado, mucho cuidado) de tres semanas, cuando empezaron a retoñar las caléndulas y los crisantemos, di por terminado el exorcismo. Desde entonces no pasa día en que no digo, desterrándome y desenterrándome: ¡ay! mi Cuba.

37

El inglés nombra; el español ingenia perífrasis. *Trailer*: casa de remolque. *Continental drift*: el desplazamiento gradual de los continentes. *Clockwise*: en el sentido de las manecillas de reloj. Para vivir en movimiento, el inglés; para una vida pausada, el español. José Ángel Buesa se describe en un poema como «lento y triste». Así me parecen las cadencias del español, lentas y tristes. Ya me lo dije: si quiero «aclimatarme» al español, tengo que superar mi gusto por los monosílabos: *grunt, want, crunch* (quejido, querer, crujido); *doom, gloom, swoon* (ruina, lobreguez, desmayo); *quick, kick, trick* (rápido, patada, truco). La abundancia de monosílabos del idioma inglés concuerda con la inquietud del exiliado, inquietud que se transparenta en un habla inquieta, entrecortada. Los monosílabos nos permiten expresarnos sin palabras, gruñir los pensamientos, habitar el inglés sin dominarlo. Pero en español cada sílaba espera su momento pacientemente (¡cuánta paciencia requiere este solo adverbio!), dejándose saborear, paladear, como humo en la boca.

Por su relativa falta de concisión, el español es menos citable que el inglés. Si se compara con la inglesa o la francesa, la literatura en lengua española no es pródiga en aforistas. ¿Cuántos autores hispánicos se recuerdan por sus epigramas? Tenemos las máximas de Gracián —entre ellas, «más valen quintaesencias que fárragos»— las greguerías de Gómez de la Serna, las «ideolojías» de Juan Ramón, alguna que otra frase feliz de Unamuno, de Ortega, de Paz. En Cuba, recordamos los aforismos de Luz y Caballero, frases felices e infelices de Martí, los «eslabones» de Varona, algún chispazo de Lezama o Piñera o Cabrera Infante. Pero no sé si existen en español compendios análogos al *Bartlett's Familiar Quotations*, tan popular en Estados Unidos. Si los hay, dudo que hayan tenido igual difusión. Porque no es eso lo que buscamos en la literatura en lengua española. Buscamos el acorde, y no la nota; la luminosidad, y no la chispa. No existe traducción adecuada al castellano de palabras como *flash* o *crash*, o de modismos como *a bolt from the blue* o *a stroke of luck*, que designan instantaneidad de acontecer; mas tampoco existen traducciones precisas al inglés de adjetivos como «duradero» o «paulatino», en los que el transcurrir del tiempo transcurre.

Intraducible también, por la misma razón, el refrán, «No hay mal que dure cien años, ni cuerpo que lo resista». La negación doble, mediante la cual la retahíla de monosílabos (cosa rara) del primer octosílabo se alarga en el segundo octosílabo, insinúa el lento desgaste del cuerpo (el del mío, por ejemplo).

Leo en un manual: «A menudo se abusa en castellano del adverbio, esas palabras terminadas en '-mente' que, por ser largas, ocupan espacio y agregan volumen». Debo tener esto en cuenta (en mente) al acudir al español. Evitar la insensatez de escribir dementemente, o inclementemente.

38

A los treinta y nueve años fui feliz.

Siempre sucede así cuando la edad termina en «9», el número de la novedad. También fui feliz, me sentí nuevo, a los nueve, a los diecinueve, a los veintinueve y hasta a los cuarenta y nueve. Ahora me toca esperar nueve años más para renovarme otra vez. Igual que el gozo, lo nono es umbral, víspera, vaticinio. Cumplir en nueve es cumplir en anticipación, gozar del contacto y encanto de la inminencia, tirarse por una ventana sin llegar al suelo.

Si tuviera la dicha de llegar a los noventa y nueve, entonces mi felicidad sería redonda, total.

39

Es obvio que lo menos traducible de una palabra es su sonido, su calidad de voz. La traducción remite al plano semántico y visual, no al auditivo. El traductor se vale de la sinonimia, a veces de la homonimia, pero nunca de la homofonía, de la igualdad de sonido. Hasta las palabras cognadas —*tomato*, tomate; *potato*, patata— difieren en su contextura fónica. La configuración auditiva de cada idioma —su repertorio de fonemas posibles, su *voice print*, por así decirlo— compone una melodía, un arreglo o selección de sonidos que es único, irreproducible. Un lenguaje es traducible, si bien imperfectamente; pero una lengua nunca lo es.

La psicolingüística moderna ha comprobado algo que los compositores siempre han sabido, y es que los sonidos tienen la virtud de inspirar en el oyente emociones muy diversas. Hay combinaciones de sonidos que exaltan o asustan; hay otras que calman o entristecen. Toda la gama de emociones humanas tiene su correlato fónico o musical. No hace falta incurrir en un rígido determinismo lingüístico como el del *Cra-*

tilo, para reconocer que la melodía de nuestra lengua materna nos educa, nos forma, nos acostumbra a una determinada «escala» de sentimientos y asentimientos. Para cada uno de nosotros —hasta para los gramatólogos, hombres de letras— el lenguaje fue música antes que palabra. Esos sonidos que nos acunaron aun antes de que pudiéramos concretarlos en lenguaje constituyen nuestra música de fondo, una tonada que llevamos grabada en lo más profundo de nuestro ser. Diría inclusive que nuestra más profunda experiencia de idioma ocurre antes de aprender a hablar, cuando somos todo oídos, *all ears*, pura receptividad auditiva. En el principio no fue el verbo sino la voz.

Es por eso que al regresar a un medio donde se habla nuestra lengua materna, lo que más nos llama la atención es el sonido del idioma, esa tonada audible solo para el hablante nativo. Al recordar su llegada a México después de una larga estadía en países anglosajones, Luis Cernuda describe así el reencuentro con la lengua española: «Sentí cómo sin interrupción continuaba mi vida en ella por el mundo exterior, ya que por el interior no había dejado de sonar en mí todos aquellos años» (*Variaciones sobre tema mexicano*). Cernuda da fe de una experiencia musical de consonancia, o mejor, de concordancia. El «acorde» musical y el «acordarse» mnémonico comparten la misma raíz cordial, pues tanto en un caso como en el otro se trata de una relación de armonía, sea esta sonora o afectiva. Sucede lo mismo cuando, en un país extranjero, inesperadamente oímos el ritmo y acento del habla de nuestra tierra. De pronto sentimos esa sensación de singular bienestar que nos brinda la concordancia con nuestro entorno, el acorde y acuerdo entre la melodía del mundo y la música que llevamos dentro.

¿Cómo podemos hacernos comprender de alguien que no *suena* como nosotros? ¿Cómo podemos entendernos nosotros mismos si no sonamos como nosotros? Estas interrogantes compendian la extrañeza y soledad del destierro. Rehuyo de grabaciones de mi voz, en español o en inglés, porque sueno extraño, como si mi voz le perteneciera a otra persona, a alguien que habla por la nariz y detesta el café con leche, y a cuyas manías no quisiera acostumbrarme. Sí, lo peor es permitir que esa voz de otro, que esos sonidos impostados, que ese ruido sin música nos prive de oído, ensordeciendo el murmullo de nuestro interior. Eso es lo que casi me ha sucedido a mí. Hace años una estación radial de Miami se anunciaba con el lema, «Más música y menos bla-bla-blá». No se daban cuenta de que el bla-bla-blá también es música. Otro verso de Wifredo Fernández: «Es necesario hablar un poco todos los días». Es cierto, aunque para hacerlo tengamos que hablar solos. Conversar es conservar.

Ser, sonar, soñar, sembrar: donde hay voces no hay olvido.

40

Hacia el crepúsculo camino:
hacia el crepúsculo...
Bonifacio Byrne

Quisiera impartirles a estas lecciones algo de la atmósfera, el ambiente, del atardecer. Hacer el atardecer palpable, saboreable, comunicarle la aspereza del martini que me consume, regalarle el remordimiento de la aceituna. Si la palabra es creación, ¿basta la constatación de mi deseo para abrigarme de noche? Y de no ser así, ¿quién mejor que yo para confesar el fracaso?

Se aproxima el momento del día que, de niño, oía llamar «sereno». La Real Academia da como étimo *serenum*, «la tarde, la noche», aunque en su sentido primitivo «sereno» designaba más bien el ambiente nocturno, su humedad. De ahí que no sea aconsejable «coger sereno» y que la serenata sea una música nocturna, tocada al aire libre o «al sereno». Disfrutar días serenos es, pues, imposible. Solo por la noche, solo a causa de ella, podemos alcanzar la serenidad. Sereno no es el que vigila, sino el que se deja empapar.

A esta hora vienen los venados a abrevar en el riachuelo que corre más allá de los árboles, ramita de agua que he bautizado El Cauto. Siempre vienen tres o cuatro juntos, pero hoy solo hay uno. Es pequeño, sin astas, tiene la piel moteada de blanco, y se demora a mordisquear los arbustos. ¿Por qué está solo? Imposible contemplar el venado sin pensar en los cazadores, que por aquí abundan. Su nombre mismo lo dice. Si por mí fuera, mejor sería cazar a los que cazan.

Avanza apacible el venado hacia El Cauto, aunque sé que el más mínimo rumor lo espantaría. No se requieren grandes poderes de observación para notar que los venados viven al borde de la alteración, igual que yo. Seamos serenos, compañero venado, que solo así llegaremos al río.

41

Entrada la primavera se alargan los días, robándome pedazos de noche. Sentado en el butacón, aguardo con paciencia la llegada del crepúsculo. Mientras avanza la tarde me alegra notar cómo se atenúa la claridad, cómo va cambiando de color la luz, de amarillo a verde a gris. Estos apuntes nacen de noche, de la noche, aunque me pase los días cavilándolos. Ahora son exactamente las siete y veinte de la tarde.

Escribir en español durante el día es demasiada claridad. El inglés tapa, tapia. Creo que por eso no me cuesta trabajo, ni me da vergüenza, revelar intimidades en inglés, como he hecho en algunos libros. Al escribirlas en inglés, muchas veces un idioma distinto de aquél en que las he gozado o padecido, dejan de ser mías, como si la traducción fuese también despojo. El cambio de pronombre —de *yo* a *I* — produce un cambio de persona. Además, hay una parte de mí, soterrada mas no cancelada, que no entiende esos libros porque todavía no ha aprendido inglés. (Esa parte vive a la sombra de un flamboyán.) En español todo queda al descubierto, como si cada frase, ráfaga de luz, iluminara rincones y rendijas que preferiría ocultar. En inglés las arrugas son *wrinkles* —matices, sutilezas— y es fácil esconderse entre ellas; en español una arruga es solo un pliegue en la piel, mediodía de la madurez. Disimular *wrinkles* con arrugas es tapar un dedo con el sol.

Me complace pensar que el español sigue siendo el idioma de mi piel. El idioma del rubor, del pudor; de los ojos, del sonrojo. El idioma en el que todavía soy capaz de avergonzarme.

42

De las islas no se despide nadie para siempre.

Dulce María Loynaz

Una de las formas más antiguas de exilio es el *relegatio ad insulam*, la condena a residir en una isla, lejos de lo que en inglés se llama *mainland*, tierra firme. Esta ha sido la mala suerte de algunos de los exiliados más ilustres de la historia: Séneca (Córcega), Napoleón (Elba, Santa Helena), Hugo (Jersey, Guernsey), Unamuno (Fuerteventura). Han existido islas, como la infamemente famosa Isla del Diablo, cuya principal función era servir de cárcel para proscritos, entre ellos el desventurado Dreyfus. Hasta las dulces Filipinas fueron destino de exilio para centenares de españoles deportados a mediados del siglo XIX por el general Narváez.

Contra esta tradición, los cubanos concebimos el exilio, no como aislamiento, sino como *landing*, como arribo a tierra firme. Nuestro *relegatio* nos desplaza en dirección inversa, condenándonos a vivir sin isla. Pocos cubanos exiliados en Estados Unidos se llaman a sí mismos «desterrados» porque hay demasiada «tierra» en la masa continental norteamericana para justificar el apelativo. Incluso hay quienes, barajando lenguajes, han llegado a inscribir la vivencia insular en la palabra que preferimos: *ex-ile*, ex-isla. De acuerdo con esta fantasiosa etimología, el desarraigo del isleño sienta las pautas de todo exilio.

Cabe preguntar, no obstante, si las vivencias del exiliado fluctúan según la geografía de los países de origen y destino. Mañach, siguiendo a Ganivet, aventuraba que el temperamento de un pueblo se explicaba por el ámbito físico que habitaba: ¿es igual la ira de un isleño a la cólera de un peninsular? Si no lo son, tal vez un análogo determinismo geográfico opere en el caso del exiliado. Cuando el *relegatio* ocurre en dirección opuesta a la tradicional, desplazándonos de lo marginal a lo macizo, de la fragilidad insular a la firmeza continental, las actitudes vitales varían en consecuencia. Podríamos entonces suponer que un exilio como el nuestro sería más llevadero, acercamiento no menos que lejanía.

Ovidio se lamentaba de haber sido relegado al último confín del mundo; muchos cubanos exiliados no vivimos en el *orbis ultimus* ovidiano, sino en algunas de las grandes urbes del planeta —Nueva York, París, Madrid, Ciudad México (¿Miami?). Y sin embargo, a juzgar por innumerables testimonios, el exilio en ciudad grande también es terrible. Tanto atolondra la congestión como el vacío. Quizás más. En el destierro de Tomos, «el más apartado pueblo», Ovidio se quejaba de la falta de libros, medicinas, alimentos, comodidades. No es ese nuestro lamento, a pesar de las estrecheces económicas que muchos exiliados han tenido que sobrellevar. El nuestro —el mío— ha sido un exilio pródigo en oportunidades y recursos. Y aun así nos sentimos pobres, desnudos, incompletos. Teniéndolo casi todo, nos falta la mitad.

Quizás por eso nuestro modo de adaptación es fabricar islas dentro de los continentes. Sucede en Miami igual que en Madrid, en Carolina del Norte igual que en Nueva York. Creamos islas grandes, como los barrios cubanos de Miami; o islas pequeñas, como mi despacho.

Para nosotros el aislamiento no es una condena sino una salvación. Cuando nos acosan, nos hacemos isla. Cuando nos ignoran, nos hacemos isla. En busca de compañía, nos hacemos isla. Solícitos de soledad, nos hacemos isla. Para conjurar el tedio, nos hacemos isla. Para ser felices, nos hacemos isla.

Isla la palabra, isla el corazón.

Cuba es una porción de tierra rodeada de islas por todas partes.

43

Señala José Solanes que la paranoia es el trastorno mental más común entre los emigrados. A juzgar por mi propia experiencia y por la de muchos otros, aventuraría que también es común la hipocondría, afección que se podría definir como una auto-paranoia, como la persecución de nuestro cuerpo por nuestra mente (o al revés).

Al sentirse cuerpo extraño (en inglés, *foreign body*), el exiliado desconfía de su capacidad de adaptación. Ese desencuentro entre cuerpo y entorno engendra una incertidumbre que se somatiza en dolencias hipocondríacas: dolores, mareos, zumbidos, ahogos, indigestiones. Todos ellos son síntomas de desconcierto, de falta de armonía, de lo que Léon Daudet en un tratado sobre la melancolía llamó «pérdida de ambiente». Este es el ambiente perdido que el exiliado confunde con sus entrañas. Desde allí, desde esos tejidos y órganos que ya no están, desde esas entrañas desentrañadas, se propaga nuestro mal. Nos dolemos de ausencia. Nos quejamos de separación. Sin ambiente, no somos gente.

Hace años, después de mudarme de Miami, empecé a padecer de mareos. Aunque me sometí a todo tipo de pruebas, los médicos no lograban dar con la causa de mi enfermedad. Cada especialista proponía una interpretación distinta: el neurólogo opinaba que podía ser un tumor; el alergista apostaba por las alergias; el otólogo estimaba que padecía del mal de Ménière. Descartando los diagnósticos de los especialistas, mi médico mayamense opinó que yo no tenía nada, pero que lo que yo no tenía no se podía curar. Me recetó un calmante y recomendó que dejara de hacerme pruebas.

He llegado a creer que esos mareos, que han disminuido en frecuencia con los años pero sin desaparecer del todo, se originan en desajustes ambientales y no somáticos. Padezco de vértigo geográfico, de una molestia causada por el roce con ambientes extraños. Más que desorientación, es despiste. Más que enfermedad, es malestar. No hay que olvidar que el exilio es también un mal-estar, una conmoción vital debida al desplazamiento, lo que en inglés se llama *motion sickness*, enfermedad del movimiento. El sabio doctor López Gómez tenía razón: la enfermedad que no tengo no tiene cura.

44

Vilanos

> *Una voz que sueña con su isla.*
> Eugenio Florit

La página, único territorio libre de América, donde el régimen lo pongo yo.

He dicho que el exilio nos mutila cuando tal vez lo cierto sea que nos completa.

El rencor, como el recuerdo, viene del corazón.

Exilio y socorro, *I* de mí.

Sin lengua, deslenguado.

Idioma: maroma, ese lugar adonde me llevan todos los caminos.

Decía Turgenev que el escritor que acudía a una lengua que no fuera la suya era un «ladrón y un puerco». Y sin embargo Turgenev dejó cartas en alemán, en francés, en inglés que se consideran verdaderas joyas literarias.

Gárgara de exilio: hacer buches de sol y escupir olvido.

¡Qué alegría encontrar un aforismo de Luz y Caballero escrito en inglés! Porque nos justifica.

El pasado era Cuba. Ya no.

Ahora nosotros somos el pasado. Abolido aquel pasado, que nos permitía recordar y olvidar, vuelve de golpe el presente.

¡Tanto y tan poco presente!

¡Tanto y tan poco pasado!

Orlando González Esteva: «El futuro ya pasó». Cuando el futuro pasa, el tiempo se vuelve destiempo, o lo que es peor, contratiempo. El año que viene *no* vamos a estar en Cuba.

El día que venía llegando *no* llegó. La esperanza de la espera se dirime en la sabiduría de que ya no hay motivo para seguir esperando. Ya no somos cubanos exiliados. Somos exiliados cubanos. Lo sustantivo es el exilio; lo adjetivo, la nacionalidad.

Cuando pienso en Cuba, oigo la voz de mi padre, que ya no existe.

Lección de exilio: todos los principios, y todos los finales, empiezan con «a partir de».

Cubanía: escribir con acento —en inglés.

Cubanía: el portal de mi casa, por la noche, con un cocuyo en la boca y un tabaco en la mano.

Unica palma la de mi mano: geografía fluvial que seca el puño.

Hyphen: raya que no cesa.

Hyphen: yaya que no sana.

Hyphen: oxímoros en la costa de la Florida.

Hyphen: hacer de *trips* corazón.

Pero la jodedera no quita la jodedura.

Luz y Caballero: «No debe el niño educarse fuera del país donde ha de vivir de hombre. ¡Cuántas pérdidas irreparables trae la educación en suelo extraño! Piérdese el idioma nativo, entíbiase el amor filial, relájase todo vínculo de familia, y hasta el santo amor de la patria sufre gravísimo detrimento en el continuo cotejo de los hábitos adquiridos con los que es forzoso adquirir».

Maestro de exilio, el exilio. Lección de exilio, el exilio. Alumnos de exilio, tú y yo y todos.

Ángel de la Espera, mala compañía, no me das amparo ni de noche ni de día.

Si me dicen *Globalization*, respondo: destierro.
Si me dicen *Diaspora*, respondo: exilio.

Si me dicen *Hispanic*, respondo: cubano.
Si me dicen *Latino*, respondo: la tuya.

Lo que se hace por placer se hace por gusto.

Las jaquecas del exiliado se curan con la aspirina del recuerdo.

Vivir para volver, volver para vivir.

Cubano con rayita, cubano rayado.
Me repito, me repito, me repito, me repito, me repito.

Se dice que al efectuar la travesía —o al padecer el naufragio— que nos desgarra de la lengua materna, lo último que se pierde es la costumbre de maldecir. Me cago en diez. Cincuenta veces.

En busca del nombre exacto de la cosa: neocubano, poscubano, excubano, transcubano, semicubano, alticubano, recubano, subcubano, contracubano, omnicubano, pancubano, monocubano y un largo archipiélago de otras incubaciones.

En vilo veritas.

Gusano, bicho raro.

Ay, cubano,
la estrella de tu bandera
es un cocuyo extraviado
dentro de un charco de sangre.

La dispersión es al exilio lo que la concentración es al aislamiento.

¿Lecciones de exilio? Más: intelecciones.

El deber de ver: mediodía, melodía; claridad, calidad.

No sé cuál será más difícil de aprender, si el arte del regreso o el arte del olvido.

Luz y Caballero: «Sin la religión o la filosofía, el destierro es el infierno de la vida». Con fe y con filosofía, ¿sería el destierro otra cosa? Mejor afirmar sin condiciones: el destierro es el infierno de la vida.

San Seacabó, patrono del exilio, ruega por nosotros.

Memorabilia, memoralabia.

Reducción al absurdo: hoyo/hoy/yo.

Lección de exilio, lesión de exilio. No. La lección es esta: soportar las lesiones del exilio sin acudir al analgésico de la humorada. Si te duele, grita. Si te sigue doliendo, sigue gritando. Ya que no hay remedio, el alivio sobra.

Exilio: mitad sin mí.
Desexilio: medio entero.

Tanta distancia, tanto sueño.

Vilano: vilo en vano.

45

A medida que oscurece, quisiera ocupar un espacio sin ruptura entre lo exterior y lo interior. Que mi piel sea tamiz y no envoltura. Solo en la continuidad se encuentra el bienestar.

Se hace tarde, y atardezco.

Llega la noche, y anochezco.

Crecen las sombras, y estoy sombrío.

En un medio ajeno podemos vivir, gozar, soñar y hasta ser felices. Lo que no podemos es estar bien. El bienestar, la palabra lo dice, depende de la manera en que ocupamos tal o cual lugar. Al transformar mi despacho, he querido construir un salón de estar, en el sentido más intenso del infinitivo. No sé si lo he logrado, pero hace muchos años que no me siento tan bien como aquí, ahora, en este momento. ¡Si pudiera transformar también las demás habitaciones de mi casa! Y sucesivamente la cuadra y el vecindario y la ciudad y este país donde vivo y no estoy. Cambiar el lugar sin cambiar de lugar.

Una vez más, Cernuda describe su experiencia de concordancia al regresar a un medio hispanohablante:

«Viendo este rincón, respirando este aire, hallas que lo que afuera ves y respiras también está dentro de ti; que allá en el fondo de tu alma, en su círculo oscuro, como luna reflejada en agua profunda, está la imagen misma de lo que en torno tienes».

Contra el mundo ajeno, el rincón dichoso. Contra la nostalgia que abruma, el recuerdo que acompaña. Contra el enigma de la ruptura, la solución de la continuidad.

Para escribir la noche hacen falta letras de luz, radiantes de bien-estar, que la mayor distancia no podría opacar. Ellas nos sitúan, nos ambientan, nos visten de espacio.

Por la noche, volvemos a ser isla.

46

¿Cuándo se extingue la juventud de un exiliado? Mientras más aumenta la esperanza de vida, más nos hacemos la ilusión de que se alarga por igual la juventud.

No es verdad. Se alarga la vejez, indudablemente, y se alarga ese interludio descolorido entre juventud y vejez que los americanos llaman *middle-age*. Pero la juventud no es elástica, y dura lo mismo hoy que hace dos siglos. Solo se estira a la fuerza, como las arrugas.

A los cincuenta y tres años, Bonifacio Byrne recoge lo mejor de su poesía en un volumen titulado, a la manera de Dante, *En medio del camino.*

Tocando yo la cincuentena, no sé si me hace gracia el ademán de Byrne, quien tuvo una vida longeva, pero aun así quedó bastante corto del centenario. Aunque seguramente me equivoco al calcular la mitad de su vida, porque la vida se mide en vivencias y no en cifras.

En el 1914, cuando apareció el libro, Byrne estaba en la víspera de un segundo exilio, no por voluntario menos doloroso, motivado por razones de salud. Tal vez al reunir sus poemas, anticipando ya su partida a Nueva York, sintiera que su vida estaba a punto de escindirse otra vez. Una mitad, la de vida vivida, quedaría atrás en Cuba; la otra mitad, la de vida por vivir, le aguardaba en Estados Unidos. Nueva York, nuevo yo. Para el autor de «Mi bandera», como para tantos otros emigrados, abandonar su país era morir a una vida y renacer a otra.

En uno de sus poemas más conocidos, «La alcoba», escrito durante la estadía en Nueva York, Byrne describe un fantasma que ronda su habitación:

> El otro aquí ha llorado; aquí, reído:
> y a través del cristal de ese balcón,
> vio llegar la hermosura que esperaba,
> como se espera, tras la lluvia, el sol.
>
> El otro sus recuerdos ha esparcido
> en el radio que abarca esta mansión;
> átomos que en el aire flotan,
> y aquí los hallo por doquier que voy.

No dudo que el otro sea el mismo, él mismo, Byrne, quien al verse lejos de Cuba se desdobla en esa persona *non-grata*. Fue precisamente en el destierro donde Unamuno escribió su tragedia de la alteridad, *El otro*, cuyo protagonista también vive acosado por su doble.

El exilio nos altera, nos convierte en *alter*, otro. Igual que los retruécanos bilingües de Cabrera Infante, el poema de Byrne pone de manifiesto las vidas sucesivas del exiliado, duplicación que complica el cálculo de su edad.

¿Cuándo se extingue la juventud de un exiliado? Cuando se convence de que no tiene regreso, subsanando así la división de su conciencia. El exiliado empieza a ser viejo el día que deja de alterarse, que deja de ser otro.

47

Todo libro es una confesión,
o no es absolutamente nada.
Varona

Sin llegar a ser libro, estas cincuenta lecciones, viláneas o avilanadas, este diario externo de un viaje interior, quisiera confesar algo que no sé si nombrar error o errancia. Creo firmemente, como he dicho, que el exilio nos convierte en otra gente. Esa disyunción o dislexia (ya que de lecciones se trata) se manifiesta de muchas maneras, pero en mi caso la experiencia de la ruptura ha sido ante todo lingüística. Siento el exilio como *language loss*, como pérdida de lenguaje, o mejor dicho, de lengua. Cada una de las tantas oraciones que he redactado en inglés tapa un silencio, recubre una ausencia, la de la frase en español que no he querido o podido escribir. (Que no he querido escribir, tal vez por resentimiento; que no he podido escribir, tal vez por inseguridad.) Pero llega un momento cuando la edad nos alcanza, y entonces nos damos cuenta de que ya no hay tiempo para seguir callando.

Quisiera nunca haber tenido la opción de escoger entre idiomas. Y a veces quisiera no haber cedido ante la tentación del inglés. El ejemplo de escritores políglotas no me alienta, me deprime. Beckett no es Beckett ni en inglés ni en francés —pero ese es el tema de Beckett, la nulidad del ser. El escritor que, como Beckett, practica más de un idioma tiende a convertirse en una curiosidad, en un bicho raro, en un «caso». Aunque comparta ese destino, no me resigno a vivir en el *hyphen*, en el «entre», en ese vaivén y vacilón que he tratado de reivindicar en algunos libros. No niego que la vida en vilo pueda satisfacer a otros; solo afirmo que no me satisface a mí. Carezco de vocación de alambrista; el vaivén no me asienta, me marea. Y eso es lo que busco más que nada: asentarme, como lo estoy ahora en este butacón, en un solo idioma, en un solo país, en un ambiente con gente.

La vida en vilo nos obliga a vivir en el aire, del aire. Pero no somos criaturas de aire. Haber nacido en una isla ya es suficiente levedad. Envejecer es aterrizar. Pero, ¿dónde?

48

Mi noche no es medianoche:
es tempranera, inicial: mañana de noche.
No es la noche de los insomnes o los suicidas.
No es la noche del silencio o la ansiedad.
No es la noche del fantasma o del grito.

La mía es noche de certezas, no de dudas:
el sí de la noche.

La mía es noche de claridades, no de sombras:
la luz de la noche.

Mi noche no tiene paredes.
Mi noche vive en la garganta.
Cierro los ojos para ver la noche.

49

Magic City se asusta, no puede regresar
a sus orígenes, ni a su silencio.
Esteban Luis Cárdenas

No hay exilio interminable, pues solo dura lo que dura una vida. Por lo tanto, alguien por ahí tendrá el récord del exilio de más larga duración, marca que será batida algún día por uno de esos viejitos que deambulan, pena en el alma, por las aceras de Miami. Aunque a lo mejor (y a lo peor) morir en el exilio es seguir viviendo en el exilio, y en tal caso la marca es imbatible. El exilio nos acaba sin acabarse él.

Me informa un demógrafo amigo que en las últimas décadas más de un cuarto de millón de cubanos han muerto lejos de Cuba: un sinfín de exilios sin fin. ¿A qué fin?

Más seguro sería el cálculo del exilio de menos duración. Sin duda uno de los aspirantes a esta distinción haya sido mi tío Miguel, quien juraba que había salido de Cuba como exiliado pero que había llegado a Estados Unidos como inmigrante. Su exilio duró lo que el vuelo entre La Habana y Miami. O hasta menos, porque tal vez Miguel inauguró su exilio al levantar el pie para subir la escalera de abordaje, y al plantarlo en el primer peldaño ya lo había superado. De ser así, el suyo fue un exilio de un paso: tránsito y no trance.

Muy distinta ha sido la suerte de aquellos cubanos —la gran mayoría— que no se resignaron o se decidieron a ser nada más que exiliados: todos esos «refugiados» que llevaron su destierro a cuestas hasta el último suspiro. Entre ellos ha habido de todo: vividores y muertos de hambre, mártires y mataperros, hombres sin nombre y renombradas damas de sociedad. Me duelen todos, porque el exiliado que sobrevive hereda de sus muertos, quiéralo o no, el peso y pesar de tantos destinos incumplidos.

Hace años me parecía que nadie se moría en Miami; ahora no conozco otra ciudad con más muertos, con más muerte, que Miami. Lo que primero fue expectativa después se hizo espera, y a la larga la espera se ha convertido en duelo. La capital del exilio es ahora la necrópolis del exilio. En contra de lo que dicen algunos, Miami no es una ciudad alegre, porque en Miami se vive con la evidencia de un exilio en agonía, con el convencimiento, por inconfesado no menos palpable, de que ninguna peripecia histórica ya nos puede salvar. De ser refugiados sin país hemos pasado a ser exiliados sin refugio.

(SIN CUENTA)

A cualquiera se le muere un tío, pero este tío mío no era un tío cualquiera. Era mi tío un tío especial. Era un tío vivo y ahora ya no lo es. Era un tío padre, como deben ser los tíos, y ya no lo es. Era un tío a quien quise sin reserva. Era un tío que, tal vez, me quiso. Huérfano de padre: peor, huérfano de tío. Sin tino, sin tío. No me fío de una vida sin ti, mi tío.

Qué lío este el del exilio, porque nunca será un ex-lío. Como mi tío es ahora un ex-tío. Existió mi tío y ya no existe mi tío y solo me queda el desafío de quererlo más en su ausencia. Esto no tiene remedio, ni siquiera alivio. Me extravío. No me soy porque no es. No me estoy porque no está. Me falto porque me falta. Me duelo porque me duele. No habito su ausencia. Habito mi ausencia en él. Si dejara de extrañarlo, me extrañaría. Si empiezo a desconocerlo, él no me reconocería. Me dejó vacío.

De todos mis tantos tíos, era mi tío el más hablador, el más inefable. Tomaba Chivas y chivaba. Acariciaba a golpes y no se guardaba. Gandío, escondía tablillas de chocolate en los bolsillos. Siempre fue tío Pedro por su casa y por la nuestra. Envejeció sin decir ni pío. Murió en Nochebuena, solo —jodío— y tuvo entierro sin velorio, misa o gentío. Quería borrarse, ansiaba el olvido. Pero yo me acuerdo. Y no te borro, tío.

50

Sube a la nube el juvenil vilano.
En tierra, o bajo tierra, se es gusano.
Juan José Domenchina

Se ha hecho tarde. La noche ahora es trasnoche. Miro por la ventana y no veo un solo roble, un solo pájaro, una sola estrella. Me imagino que el venado habrá regresado a su bosque. Ya cumplí, me digo, soplando las velitas mentales del cake imaginario, haciendo mi oscuridad.

Me levanto del butacón, que ha vuelto a ser *reading chair*, salgo de mi despacho, que ha recobrado su aspecto de *study*, y voy en busca de compañía. La casa está toda iluminada. Huele a sofrito y *brownies*. En el comedor, mis hijos, pacientes como el venado, han estado esperando que salga. Al verme llegar, cantan en coro: «*¡Apio verde to you, Papi!*».

EPÍLOGO

Cincuenta lecciones, quince años después

Como el lector habrá comprobado, estas «lecciones» se escribieron cuando cumplía cincuenta años. Al releerlas y actualizarlas ahora, con más canas y menos pelo, se me hace más evidente que antes, que nunca, que con los años el exilio deja de ser trauma pasajero para convertirse en malestar permanente: un achaque de la vejez del exilio.

En la película de Andy García, *The Lost City*, el protagonista, Fico Fellove, abandona la isla. Al llegar a Nueva York le dice a un americano: «*I'm only impersonating an exile. I'm still in Cuba*». En español: «Solo me estoy haciendo pasar por un exiliado. Todavía estoy en Cuba». Es posible que todo el que ha abandonado su país, al llegar al destierro, niegue la realidad de su exilio. Pero entonces pasan los años —diez, veinte, treinta, cuarenta, ¡cincuenta! Y la realidad se impone, la de un exilio sin fin ni finalidad. La impostura ya no es máscara; es cara. Es más, es más cara. Es más, es mi cara. Lo era a los cincuenta y lo sigue siendo a los sesenta y cinco.

ÍNDICE

1	9
2	11
3	13
4	16
5	18
6	19
7	20
8	22
9	24
10	26
11	27
12	30
13	32
14	33
15	37
16	38
17	40
18	42
19	44
20	46
21	48
22	49
23	51

24	54
25	55
26	56
27	57
28	58
29	60
30	61
31	63
32	66
33	67
34	69
35	71
36	73
37	75
38	77
39	78
40	81
41	83
42	85
43	88
44	90
45	99
46	101
47	104
48	106
49	107
(Sin cuenta)	109
50	111
Epílogo	113
Índice	117

46412619R00075

Made in the USA
Lexington, KY
26 July 2019